L'ESCLAVE NÈGRE,

RELATION

INTÉRESSANTE ET AUTHENTIQUE,

EN TROIS PARTIES.

A MONTPELLIER,
CHEZ SEVALLE, LIBRAIRE.

1817.

L'ESCLAVE NEGRE.

PREMIÈRE PARTIE.

Pendant une résidence de quelques années que j'ai faite dans le voisinage de la mer, un officier de marine vint me voir, en me disant qu'il venait de prendre un logement dans ma paroisse pour sa femme, ses enfans et un nègre qu'il avait depuis trois ans à son service. « Ce dernier, me dit-il, est un jeune homme intelligent et bon domestique, il a un grand désir de recevoir le Baptême, je lui ai promis de vous demander cette faveur pour lui, si vous ne trouvez pas d'inconvénient à la lui accorder. »

--- Connaît-il quelque chose des principes de la Religion Chrétienne ? lui répliquai-je.

« Certainement, Monsieur, me dit le capitaine, il entretient souvent sur ce sujet ses camarades de service, et il souffre avec beaucoup de patience les railleries que ses discours lui attirent sans cesse.

--- Êtes-vous satisfait de son service ?

« Oui, Monsieur, j'ai toujours trouvé ce jeune homme honnête et soumis, soit à bord de mon vaisseau, soit dans ma maison.

— A-t-il toujours été tel que vous le dépeignez ?

« Non, dit l'officier, dans les premiers temps que je l'avais à mon service, il était souvent fourbe et mutin, mais depuis deux ans il est absolument changé. »

— Hé bien, Monsieur, je serai bien aise de le voir ; je pense qu'il sera nécessaire que je lui fasse un cours d'instruction religieuse, et que je l'examine ; dans cet intervalle je pourrai mieux juger s'il est digne d'être admis au saint Baptême. Sait-il lire ?

« Oui, répondit son maître, il a pris beaucoup de peine pour cela, il est même capable de rendre compte passablement d'un chapitre de la Bible, au dire de ma domestique. Il parle anglais mieux que la plupart de ses compatriotes ; vous trouverez cependant qu'il fait encore beaucoup de fautes. » Quand désirez-vous que je vous l'envoie ?

— Demain après-midi, Monsieur, s'il vous plaît.

« Il viendra chez vous sur les quatre heures, et vous verrez ce que vous pourrez faire de lui. »

Après cette promesse, il prit congé de moi ; je fus bien aise de l'occasion qui se présentait, d'instruire un homme né dans ces contrées dont les malheurs avaient souvent excité mes soupirs et fait couler mes larmes. A l'heure convenue, mon disciple nègre arriva ; c'était un jeune homme de bonne tournure, d'une physionomie vive, sensible et agréable ; je le fis asseoir et lui dis : votre maître m'a appris que vous désiriez avoir avec moi une conversation touchant le Baptême Chrétien ?

« Oui, Monsieur, moi beaucoup vouloir être Chrétien, répondit-il. »

--- Pourquoi avez-vous ce désir ?

« Parce que moi savoir que les Chrétiens aller au ciel quand ils meurent. »

--- Y a-t-il long-temps que vous avez ce désir ?

« Depuis, me dit-il, que j'ai entendu un bon Ministre prêcher en Amérique, deux ans depuis ici. »

--- Où êtes-vous né ?

« En Afrique : moi fus très-petit garçon quand les blancs firent moi esclave. »

--- Comment cela est-il arrivé ?

« Moi avoir laissé chez nous mon père et ma mère pour aller chercher des coquillages sur les bords de la mer, et comme j'étais baissé pour les ramasser, quelques blancs matelots sortirent de leur bateau et m'emmenèrent. Moi n'avoir plus jamais vu mon père ni ma mère.... »

--- Que vous est-il arrivé dès-lors ?

« Moi fus mis dans un vaisseau et conduit à la Jamaïque, puis vendu à un maître, que j'ai servi dans sa maison pendant quelques années; depuis trois ans le capitaine W*, qui vous a parlé pour moi, m'a acheté pour être son domestique sur son vaisseau ; et lui être bon maître, il a donné à moi la liberté, il m'a fait homme libre, et moi vouloir vivre avec lui pour toujours. »

--- Et que pensiez-vous de votre âme avant d'arriver en Amérique, lui demandai-je ?

« Moi, dit-il, ne m'être jamais inquiété de mon âme auparavant; personne n'avait dit à moi une seule parole touchant mon âme. »

--- Hé bien ! apprenez-moi maintenant ce

qui vous est arrivé en Amérique ? Comment y êtes-vous allé ?

« Mon maître m'a conduit là dans son vaisseau, il s'est arrêté là un mois, et alors moi entendre un bon Ministre. »

--- Et que disait ce Ministre ?

« Il disait que moi étais un grand pécheur. »

--- Quoi ! vous parlait il en particulier ?

« Oui, je le pense, cependant il y avait beaucoup de monde pour l'entendre, mais il leur disait à tous ce qui me concernait. »

--- Mais que disait-il ?

« Il parlait de toutes les choses qui sont dans mon cœur. »

--- Quelles choses ?

« Mon péché, mon ignorance, mon incrédulité; le bon Ministre me fit voir, que moi ne penser rien de bon, ni faire rien de bon. »

--- Et quelle autre chose disait-il ?

« Il regardait quelquefois moi-même en face, disant que Jésus-Christ était venu sur la terre mourir pour les pécheurs, pour les pauvres noirs pécheurs, aussi bien que pour les blancs. Moi penser qu'il était bien bon, bien bon en vérité, de faire cela pour les misérables pécheurs. »

--- Mais qu'est-ce qui vous a fait croire qu'il vous parlait en particulier ?

« Parce que moi être certain qu'il n'y avait pas un si misérable pécheur que moi dans toute l'assemblée : le bon Ministre bien reconnaître moi là dedans. »

--- Et que pensiez-vous en vous-même pendant qu'il vous entretenait de Jésus-Christ ?

« Monsieur, moi avoir été très-effrayé quand

il dit que les méchans seraient jetés dans le feu de l'enfer, parce que sentir que moi être un très-misérable pécheur, et cette idée me fit pleurer. Il dit encore beaucoup de choses, touchant l'amour de Christ pour les pécheurs, et cela me fit pleurer davantage ; et penser alors moi devoir beaucoup aimer Jésus-Christ, mais ne pas savoir comment, et cela fit moi gémir de nouveau. »

--- Avez-vous entendu plus d'un sermon durant le mois que vous avez passé en Amérique ?

« Oui, Monsieur, maître permit à moi d'aller trois fois et toutes les fois je sentis le besoin d'aimer Jésus davantage, et de faire ce qu'il ordonne ; mais mon cœur sembler quelquefois dur comme une pierre. »

--- Avez-vous entendu quelque sermon dès-lors ?

« Non, jusqu'à ce que moi entendre un sermon à cette église dimanche dernier, alors moi désirer passionnément d'être baptisé au nom de Jésus-Christ, parce moi n'avoir aucun ami chrétien pour me baptiser quand j'étais petit enfant. »

--- Quelles étaient vos pensées depuis que vous avez entendu ces sermons en Amérique ? Parliez-vous à quelqu'un de ce que vous sentiez ?

« Non, moi parler à personne qu'à Dieu seul. Le bon Ministre disait : que Dieu entend le cri du pauvre, aussi je criais à Dieu et il m'entendait. Et moi aussi souvent penser à Jésus-Christ, et désirer lui être semblable. »

--- Savez-vous lire ?

« Un peu. »

— Qui vous a appris ?

« Dieu m'a enseigné à lire. »

— Que voulez-vous dire par-là ?

« Dieu m'a donné le désir de lire, et a fait que moi apprendre facilement. Maître a donné Bible à moi et un matelot m'a montré les lettres, et ainsi moi apprendre à lire par moi-même, mais avec l'aide de Dieu. »

— Et qu'avez-vous lu dans la Bible ?

« O Monsieur, tout ce qui est écrit sur Jésus-Christ, comme il aime les pécheurs, comment les méchans hommes l'ont tué, comment il est mort, et comment il est ensuite sorti du tombeau, et tout cela aussi pour les pauvres nègres. Et souvent pleurer en pensant que Jésus aimer tant les pauvres nègres. »

— Et que disaient vos camarades quand ils vous voyaient lire, prier, et faire attention aux choses de Dieu ?

« Quelques méchans hommes qui n'aiment pas Jésus-Christ appellent moi, grand fou, chien de nègre et noir hypocrite ; quelquefois cela me fait du chagrin, mais alors moi me rappeler qu'un Chrétien ne doit pas être affligé pour cela. Jésus-Christ a reçu toutes sortes de noms injurieux, mais il a été tranquille comme un agneau : ainsi donc je me souviens de Jésus-Christ, et ne leur réponds rien du tout. »

Je fus enchanté de la simplicité ainsi que de la sincérité que manifestait ce pauvre nègre. Mais je désirais connaître ses lumières et ses sentimens au sujet de divers points principaux de notre religion, je pensai au sommaire de la religion que nous donne S. Paul. 1 Cor. XIII. 13. *Maintenant ces trois choses demeurent la foi, l'espérance et la charité; mais la plus excellente c'est la charité*; et je lui dis : Dites-moi ce que c'est que la foi? Quelle est votre propre croyance? Que croyez-vous touchant Jésus-Christ et votre propre âme?

« Moi, croire, dit-il, que Jésus être venu dans le monde sauver les pécheurs, penser moi être le plus grand des pécheurs, et cependant Jésus vouloir me sauver, quoique moi être seulement un pauvre nègre. »

--- Quelles sont vos espérances touchant la vie présente et celle qui doit la suivre?

« Moi espérer que Jésus prendra bien soin de moi, me préservera du péché et du mal, pendant cette vie; et quand je serai mort, moi espérer d'aller vers lui pour vivre toujours avec lui et ne plus jamais mourir. »

--- Que pensez-vous touchant l'amour des Chrétiens, autrement la charité? Je veux dire quels sont les objets de vos plus grandes affections?

« Moi aimer Dieu le Père, parce qu'il a été si bon que d'envoyer son Fils ici-bas. Moi aimer Jésus-Christ parce qu'il m'aime. Moi aimer tous les hommes, hommes noirs et hommes blancs aussi, parce que Dieu les a tous faits. Moi aimer les bons Chrétiens, parce que Jésus-Christ les aime et qu'ils aiment Jésus-Christ. »

Telle fut ma première conversation avec ce jeune disciple. Je me réjouissais de l'espérance de le recevoir dans l'Église conformément à ses vœux. Cependant je voulais lui parler encore, et m'enquérir plus soigneusement de sa conduite; je lui promis de le revoir et d'aller dans peu de jours le visiter chez son maître.

Quand il fut parti, je réfléchis que Dieu avait en effet racheté par le sang de son Fils, les âmes *de toute parenté, de toute langue, de tout peuple, de toute nation*; et que si plusieurs de ses enfans sont, pendant un temps plus ou moins long, dévoués à l'esclavage sur cette terre, par la cruelle avarice des hommes, cependant par la bénédiction de Dieu, plusieurs d'entr'eux obtiendront de la grâce divine la glorieuse liberté d'enfans de Dieu, et seront ainsi rachetés de l'esclavage *par celui qui amène les âmes captives à son obéissance*; et c'est cette heureuse délivrance qu'annonce l'Écriture quand elle dit: *L'Éthiopie étendra bientôt ses mains vers le Seigneur. Chantez au Seigneur, vous, royaumes de la terre. O chantez tous les louanges du Seigneur.*

SECONDE PARTIE.

Peu de jours après cette première entrevue avec mon disciple nègre, je sortis de chez moi, à cheval, dans le dessein de le visiter, et de converser avec lui dans la maison de son maître, qui était située dans une partie de la paroisse à deux lieues de ma cure. La route que je pris se trouvait sur une prairie élevée, ou une espèce de colline, et dominait un paysage d'une rare magnificence. Ce spectacle excita en moi de silencieuses mais instructives méditations. La prairie elle-même était couverte de troupeaux qui y trouvaient également une nourriture saine et abondante. Ici et là de jeunes bergers étaient en sentinelle, veillans sur les nombreux troupeaux confiés à leurs soins. Cela me parut un emblème de mes fonctions et de mon propre ministère. Tout autour de cette colline s'étendait ma nombreuse paroisse, dans laquelle tant d'âmes étaient confiées à ma garde et dont je devais rendre compte au jour de la venue du *grand Pasteur des brebis*. Je priai ardemment au fond de mon cœur *ce bon Pasteur qui a donné sa vie pour ses brebis*, de me rendre capable de conserver fidèlement *mon dépôt*. Je pensai avec joie, que mon jeune ami l'Africain était une brebis d'une bergerie éloignée et dont Jésus peut-être voulait se servir pour y faire entendre sa voix : *car il ne doit y avoir qu'un seul troupeau et un seul Pasteur*, et toutes les nations de la terre doivent être amenées à connaître *que son joug est aisé et son fardeau léger*.

Au sud-ouest de la place où je me trouvais, s'étendait en forme de demi-cercle une baie majestueuse d'environ trois lieues de tour, bordée de rochers élevés, de couleurs plus ou moins foncées. Au-delà s'étendait une chaîne de montagnes, dont les sommités étaient en plusieurs endroits cachées dans d'épais nuages, mais qui ailleurs se faisaient voir distinctement. Cette chaîne de montagnes en rencontrait une autre qui, venant du nord, formait une vallée large et fertile, couverte de blés, qui étant actuellement dans leur maturité, semblaient convier le voyageur à bénir la bonté de Dieu dans ses riches présens aux enfans des hommes. *Il fait croître le blé, il couronne l'année de ses biens, et ses sentiers font découler la graisse. Elle découle sur les pâturages du désert ; les côteaux se réjouissent de tous côtés. Les pâturages sont couverts de troupeaux ; les vallées aussi sont couvertes de blé, elles poussent de cris de joie et font entendre des chants d'allégresse.* Ps. LXV. ℣ 2. 13. 14.

En tournant mes regards sur les nombreux vaisseaux que je voyais voguer à ma droite sur un Océan sans bornes, je me sentais ému en moi-même et me rappelais ces paroles du Psalmiste, Psaume CVII. 23. 31. *Ceux qui descendent sur la mer dans des navires, et qui font commerce sur les grandes eaux : ce sont eux qui voient les œuvres de l'Eternel et ses merveilles dans les lieux profonds. Car il commande et fait lever un vent de tempête qui élève les vagues de la mer. Ils montent aux cieux, ils descendent dans les abîmes, leur âme se fond d'angoisse. Ils branlent et chancellent comme un homme ivre, et toute leur sagesse leur manque. Alors ils crient à l'Éternel dans leur détresse, et il les délivre de leurs angoisses. Il arrête la tempête, la changeant en calme et les ondes s'apaisent. Puis ils se réjouissent de ce qu'elles sont calmées, et il les conduit au port qu'ils désiraient. O qu'ils célèbrent donc la bonté de l'Éternel et ses merveilles parmi les fils des hommes.*

L'idée du nègre s'offrait alors à mon esprit. Peut-être, pensai-je, quelques-uns de ces vaisseaux font voile vers l'Afrique dans le dessein de faire ce honteux trafic, auquel on donne le nom de *Traite des Nègres*. Infâme et cruel commerce pour une nation qui porte le nom de Chrétienne ! Peut-être, ces mêmes ondes qui viennent maintenant battre ces rocs au pied de la colline où je me trouve, ont-elles, sur les rivages d'Afrique, été témoins de ces séparations forcées, entre les femmes et les maris, les parens et les enfans, éloignés les uns des autres par des hommes sans pitié, et dont les cœurs se sont fermés à tout sentiment d'humanité, par un long usage de ce cruel trafic ! Quand les efforts des vrais Chrétiens, amis des malheureux nègres, seront-ils couronnés du succès, par l'abolition de ce détestable commerce ! (1) Plongé dans les méditations que la scène magnifique et variée que j'avais sous les yeux, excitait dans mon âme, j'approchai d'une haie, qui bordait un rocher d'une hauteur perpendiculaire et effrayante formant l'extrémité de la prairie. Je descendis de mon cheval et je l'attachai à un buisson. Le paysage de tous côtés offrait quelque chose d'imposant et de favorable à la méditation religieuse. Le Créateur apparaissait dans ses œuvres, et semblait inviter la créature à lui rendre hommage. Ce spectacle est doublement intéressant pour le fidèle (2). En vertu de ses

---

(1) Cet heureux jour est enfin arrivé, les efforts de M. Wilberforce ont été couronnés du plus heureux succès. La Traite des Nègres est abolie et l'Église de Dieu se réjouit de cet éclatant triomphe de Christ sur *Belial*.

(2) Le Chrétien jouit doublement du spectacle de la nature, parce que ce spectacle lui rappelle une foule d'idées douces et sublimes, qui remplissent son âme de sentimens délicieux et célestes. *Les cieux* lui *racontent la gloire du Dieu Fort*, et la terre couverte des richesses de son Créateur lui parle de sa bonté. Il voit le nom de Dieu sur toutes les œuvres de ses mains et au

priviléges comme Chrétien, il possède plus qu'un autre des titres aux jouissances que lui offrent les beautés de la nature et les bienfaits de la Providence. *Toutes choses vous appartiennent*, dit l'Apôtre, *soit Paul, soit Apollos, soit Céphas, le monde, la vie, la mort, les choses présentes et celles qui sont à venir, tout est à vous, vous êtes à Christ, et Christ à Dieu.* 1 Cor. III. 21. 22.

Jetant mes regards en bas, un peu à gauche, je découvris une petite anse, dont le rivage était couvert d'un beau sable, elle se trouvait bordée de fragmens de rocs et de hauteurs escarpées.

---

milieu des merveilles de la création, il se sent comme pressé de tout côté par l'idée d'une Providence attentive qui veille sur les moindres créatures de cet Univers, et à plus forte raison sur lui-même, qui est lui-même l'image du Dieu vivant et le racheté de son Fils. Le fidèle s'élève aussi de la vue de ce monde visible à l'idée de ce monde invisible, mais que la foi lui découvre, à l'idée de ces *nouveaux Cieux* et de cette *nouvelle terre où la Justice habitera, où il n'y aura plus ni deuil, ni cri, ni travail, et où les choses premières seront passées* ; et il se dit à lui-même : si Dieu a fait briller tant de merveilles dans les œuvres de ce monde qui passe, qu'elle ne sera pas la magnificence de ces *nouveaux Cieux* et de cette *nouvelle terre*, où les élus de Dieu, ceux qu'il voudra inonder de délices, doivent habiter éternellement. Enfin, le fidèle a un double droit aux jouissances que procure le spectacle de la nature, parce que ce n'est qu'en faveur de ceux qui lui ressemblent, que le monde subsiste encore, et que l'Univers sera détruit, lorsque le nombre des élus sera accompli. *Le Christ a reçu pour son héritage les nations et pour sa possession les bouts de la terre*, et s'il n'avait pas encore dans sa possession de fidèles adorateurs, il *briserait la terre comme le vaisseau d'un potier, et la détruirait par le souffle de sa bouche.*

Éloignée du passage et des habitations humaines, cette place paraissait faite pour la retraite et la méditation ; sur l'un de ces rocs j'observai avec surprise un homme assis qui lisait. Cet endroit était à deux cents pas au-dessous de la place que j'occupais ; je découvris bientôt à son habillement et à la couleur noire de son visage qui contrastait avec la blancheur des rochers qui l'environnaient, que cette personne était mon disciple nègre, qui sans doute tenait une Bible dans ses mains. Je me réjouis de cette occasion inattendue de le rencontrer dans une situation si solitaire et si intéressante. Je descendis la colline en tournant par une espèce d'escalier rapide formé par les pêcheurs et les bergers. Le nègre était attentif à sa lecture et ne m'aperçut qu'au moment où je me trouvai tout près de lui. Est-ce vous, William, lui dis-je ?

« Ah, Monsieur, moi bien content de vous voir ; comment est venu Monsieur dans cette vallée, moi croire personne ici que Dieu et moi. »

--- J'allais chez votre maître pour vous voir, et j'ai choisi cette route à cause de la beauté des points de vue. Je viens souvent ici quand il fait beau temps, pour voir la mer et les vaisseaux. Est-ce là votre Bible ?

« Oui, Monsieur, c'est là ma chère bonne Bible. »

--- Je suis bien aise, lui dis-je, de vous trouver si bien occupé : c'est bon signe, William.

« Oui, Monsieur, un signe que Dieu est bon pour moi, mais moi jamais assez bon pour Dieu. »

--- Que voulez-vous dire ?

« Moi ne remercier lui point assez, ne le prier point assez ; ne pas penser à lui assez, lui qui me donne tant de bonnes choses. Monsieur, moi être effrayé, parce que mon cœur est très-méchant. Moi vouloir être semblable à vous. »

--- Semblable à moi, William ! Pourquoi ? j'étais ainsi que vous un pauvre pécheur sans espérance : car comme vous je périssais dans mes péchés, sans Dieu, dont la grâce et la miséricorde infinies m'ont arraché comme un tison du feu, et m'ont donné de reconnaître son amour et ses faveurs. Tous les deux nous avons mérité d'être privés de la gloire de Dieu, car nous avons tous péché.

« Non, moi pas semblable à vous, Monsieur, je pense que personne être semblable à moi, personne ne le sent dans son cœur autant que moi. »

--- Oui, William, vos sentimens, j'en suis persuadé, sont ceux d'une âme vraiment touchée, qui connaît tout le crime du péché et la grandeur du prix qu'a payé Jésus-Christ pour la rançon des pécheurs. Vous pouvez vous joindre au saint Apôtre qui disait : *Je suis le premier des pécheurs, mais Jésus-Christ est mort pour moi.*

« Oh oui, Monsieur, moi croire que Jésus est mort pour le pauvre nègre. Que serait devenu le pauvre misérable nègre, si Jésus n'était pas mort pour lui ! Mais il est mort pour le plus grand des pécheurs, et cela rend quelquefois mon cœur plus tranquille. »

--- Quelle partie de la Bible lisiez-vous, William ?

« Moi lire comment l'homme sur la croix parlait à Jésus et ce que Jésus lui répondait. Je fais justement aussi pour moi la prière de cet homme, *Seigneur, souviens-toi de moi, Sei-*

gneur, *souviens-toi* du pauvre nègre pécheur ; c'est ma prière de chaque matin, et souvent pendant la nuit : quand moi ne pas pouvoir penser à beaucoup de paroles, répéter la même chose : *Seigneur, souviens-toi du pauvre nègre pécheur.* »

--- Soyez assuré, William, que le Seigneur entend votre prière. Il pardonna et reçut en grâce le brigand sur la croix, et il ne vous rejettera point ; il ne repousse jamais ceux qui s'approchent de lui.

« Non, Monsieur, je le crois ; mais il y a tant de péchés dans mon cœur, que cela rend moi effrayé et triste. Monsieur, voyez-vous ces coquillages, comme ils sont fortement attachés à ce roc, justement ainsi le péché est attaché à mon cœur. »

--- Cela peut être, William, mais faites une autre comparaison, soyez attaché à Jésus par la foi à sa mort et à sa justice, aussi fortement que ces coquillages sont attachés à ce roc, et ni les mers, ni les tempêtes ne pourront vous séparer de son amour.

« C'est justement ce qui me manque. »

--- Dites-moi, William, le péché dont vous me parlez, n'est-il pas pour vous un vrai fardeau ? Vous ne l'aimez pas ? Vous seriez heureux d'être fortifié contre lui ? Vous désirez d'en être délivré ? Ne le voudriez-vous pas ?

« Oh ! oui, moi donner tout le monde, si je l'avais, pour être sans péché. »

--- Courage donc, et soyez le bien-venu en Jésus-Christ, mon frère ! son sang vous a purifié de tout péché. *Il s'est donné lui-même en rançon pour les pécheurs ; il a porté nos dou-*

leurs et s'est chargé de nos langueurs ; il a été navré pour nos forfaits ; le châtiment qui nous apporte la paix a été sur lui, et par ses meurtrissures nous avons la guérison. Le Seigneur a porté sur lui les iniquités de nous tous. Venez librement, venez à Jésus le Sauveur des pécheurs.

« Oui, Monsieur, me dit en pleurant cet intéressant jeune homme, moi vouloir aller, mais aller bien lentement, bien lentement : Monsieur, moi devoir courir, moi devoir voler...... Jésus est bien bon pour le pauvre nègre d'envoyer vous pour lui parler ainsi. »

--- Mais ce n'est pas la première fois que vous avez entendu ces vérités.

« Non, Monsieur, elles ont souvent consolé mon âme, depuis que moi entendre un bon ministre prêcher en Amérique, comme je l'ai dit à vous la dernière fois. »

--- Fort bien ; j'espère maintenant, William, que puisque Dieu a daigné vous ouvrir les yeux avec tant de bonté, et toucher votre âme d'un sentiment si vif de la miséricorde qu'il a déployée envers vous en livrant son Fils à la mort pour vos péchés ; j'espère, dis-je, que vous vous efforcerez de garder ses commandemens, que vous tâcherez de vous bien conduire à l'égard de votre maître, de votre maîtresse et de vos compagnons de service. Celui qui est vrai Chrétien au-dedans, l'est aussi au-dehors ; celui qui croit vraiment et fermement en Jésus, *montre sa foi par ses œuvres*, comme le dit l'Apôtre, n'est-il pas vrai, William ?

« Oui, Monsieur, moi désirer devenir tel, moi désirer d'être fidèle, mais bien être affligé en pensant combien méchant serviteur j'étais avant que les bonnes choses de Jésus vinssent dans mon cœur. Moi vouloir bien servir mon maître, qu'il me voie ou non, parce que je sais que Dieu me voit toujours. Moi savoir que si je pèche contre mon maître, je pèche aussi contre Dieu et Dieu être bien irrité contre moi. Comment aimer Jésus-Christ, si moi ne faire pas ce qu'il me commande ? Moi aimer bien mes camarades de service, quoique, comme j'ai dit à vous, ils ne m'aiment pas beaucoup, et je prie Dieu de les bénir : et quand ils disent de méchantes choses et tâchent de me faire du chagrin, alors moi réfléchir que si Jésus était à la place du pauvre nègre, il n'injurierait personne et ne répondrait rien aux mauvaises paroles, mais toujours modéré, il parlait peu et priait beaucoup. De même moi ne dire rien de tout, mais prier Dieu de leur pardonner.

Plus je conversais avec cet Africain converti, et plus j'avais la satisfaction de me convaincre que son âme était éclairée par le St.-Esprit, et que son cœur était profondément touché de la Grâce divine. Je continuai assez long-temps à causer avec lui, son maître ayant quitté sa maison pour tout le jour et l'ayant laissé libre pour quelques heures ; je l'entretins de la nature, des devoirs et des priviléges du Baptême Chrétien : je tirai d'un livre de prières que j'avais avec moi, l'explication des principes les plus clairs que l'Ecriture Sainte nous offre sur cette matière, et je trouvai que William désirait du fond du cœur de s'y conformer. Il me parut très-digne de recevoir ce Sacrement comme un gage de l'amour de son Rédempteur, et je me réjouis à l'idée que bientôt il recevrait le signe et le sceau de la Nouvelle Alliance, puisqu'il était déjà marqué par le St.-Esprit, pour appartenir *à l'Eglise des premiers nés*. Dieu, lui dis-je, a promis d'arroser toutes les nations non-seulement des eaux du Baptême, mais encore de la rosée de la Grâce d'en-haut; il a déclaré non-seulement qu'il donnerait *de l'eau à celui qui est altéré*, mais encore qu'il répandrait *son Esprit sur sa semence* et *sa bénédiction sur sa postérité*.

« Oui, Monsieur, me dit-il, Dieu peut faire moi pur dans le cœur et d'un esprit droit, il peut *purifier* moi *avec l'hyssope, et je serai nettoyé*, il peut laver moi et je serai *plus blanc que la neige.* »

--- Dieu vous en fasse la grâce et vous la confirme par ses plus précieux dons !

Je fus très-satisfait de la tendresse avec laquelle il me parla de ses parens, auxquels il avait été enlevé dans son enfance, ainsi que des vœux qu'il formait pour que Dieu les amenât par quelque voie à la connaissance du Sauveur. Qui sait, lui dis-je alors, si quelqu'un de ces vaisseaux ne porte point quelque missionnaire dans les pays où ils sont, pour annoncer les *bonnes nouvelles du salut* à vos compatriotes et à vos chers parens, s'ils vivent encore.

« Oh, mes chers père et mère, mon gracieux Sauveur, s'écria-t-il en sautant de joie à ces paroles, si tu voulais seulement sauver leurs âmes, et leur apprendre ce que tu as fait pour les pécheurs ! mais........ » Il s'arrêta et parut très-affecté.

--- Mon ami, lui dis-je, prions maintenant

pour votre âme et pour celles de vos parens aussi......

« Oh! oui, Monsieur, c'est une bonne et excellente chose de faire prière pour les âmes du pauvre nègre d'ici et des autres ailleurs. »

— Nous étions dans le plus auguste des temples, le sable de la mer était notre parvis, l'azur des cieux notre pavillon, les rocs, les collines et les ondes formaient les murs de notre maison de prière. Ce n'était pas, à la vérité, un lieu consacré habituellement à la prière, mais alors cette place fut sanctifiée ; je ne l'oublierai jamais, Dieu y était présent,...... je priais,...... le nègre pleurait ;...... son cœur était plein,..... mes sentimens étaient à l'unisson des siens, et mes larmes se mêlaient aux siennes. Le dernier jour témoignera si nos larmes n'étaient pas l'expression de la piété et de l'amour fraternel le plus sincère. Il était temps de regagner mon presbytère. Je m'appuyai sur le bras de William, et nous montâmes la colline escarpée pour rejoindre ma route et mon cheval que j'avais laissé au sommet de la colline. Tout, dans la personne du jeune nègre, annonçait l'humilité et la reconnaissance dont il était rempli. Je m'appuyais sur son bras avec toute la tendresse d'un frère. C'était une nouvelle relation, que je m'estimais heureux d'avoir acquise. Je lui serrai la main en partant, lui assignant une autre entrevue avant le jour de son Baptême, et je lui dis adieu pour le présent.

« Dieu bénisse vous, mon cher maître ! »

— Et vous aussi, mon bien-aimé frère en Christ, *aux siècles des siècles. Amen !*

TROISIÈME PARTIE.

L'INTÉRESSANTE et touchante conversation que je venais d'avoir avec ce jeune nègre, excita en moi des sentimens difficiles à exprimer. A mon retour chez moi je méditai long-temps sur la vivacité de la foi qu'il avait en Dieu, ainsi que sur son étonnante conversion dont je venais de m'assurer moi-même. On ne saurait douter que la Grâce et la foi n'eussent opéré librement le salut de cet homme. Le St.-Esprit seul, *l'auteur de toute grâce excellente*, peut opérer un tel changement et faire un Chrétien éclairé, convaincu, humble et plein de foi, d'un payen endurci, ignorant et pervers. Qui pourrait contester après cela le souverain pouvoir de cette volonté divine qui s'exerce en appelant les pécheurs et en les transportant *des ténèbres à la lumière* ; et quelles grandes leçons, des hommes qui se nomment Chrétiens et qui habitent des contrées civilisées, quelles grandes leçons, dis-je, ne pourraient-ils pas recevoir de la religion simple, pure et sincère d'un payen converti !

Je pris des informations sur la conduite générale et particulière du jeune nègre; tout ce que j'appris était satisfaisant, et je n'eus plus aucun doute sur la moralité de sa conduite et de son caractère. J'eus encore quelques conversations avec lui, dans lesquelles je poursuivis mon plan d'instruction et d'examen, toujours d'après l'Écriture, et proportionnellement à ses lumières. Il s'instruisait beaucoup lui-même par la lecture, portant toujours sa Bible dans sa poche, et profitait de tous les instans de loisir que lui laissait son service, pour l'étudier. J'ai souvent observé chez les pauvres vraiment religieux qui n'ont pu apprendre à lire dans leur première jeunesse, que l'intérêt de leur âme et le désir de connaître la parole de Dieu, étaient les moyens les plus puissans de leur apprendre à lire avec une grande facilité ; mon nègre en était une preuve frappante.

Depuis long-temps j'étais dans l'usage de visiter, une fois dans la semaine, quelques personnes pieuses, dans une maison à peu de distance de mon presbytère, et nous avions ensemble une conversation religieuse ; je leur faisais un petit discours et quelques prières. Ayant éprouvé que ces exercices étaient singulièrement utiles et intéressans pour mes auditeurs et pour moi-même, je pensais que je ferais fort bien d'y conduire mon nègre, qui pourrait édifier cette assemblée de frères, en les rendant témoins de la sincérité et de la simplicité du vrai Christianisme de ce jeune converti. J'espérais que ce serait un excellent moyen d'exciter et de ranimer l'esprit de prière et d'actions de grâces, chez plusieurs de mes auditeurs, dont les progrès spirituels étaient l'objet de mes vœux les plus ardens. J'obtins donc de son maître la permission qu'il assistât à une de nos assemblées : quoique son maître ne parût pas faire cas pour lui-même de la Religion, ni s'embarrasser sérieusement du salut de son âme ; il voyait cependant avec plaisir l'intérêt que je prenais à son domestique, et il en paraissait reconnaisant.

Je sortis de chez moi au jour marqué pour notre assemblée. La petite maison où nous avions coutume de nous réunir était à-peu-près à une lieue de ma Cure. La route pour m'y rendre longeait le bas de la colline, dont j'ai déjà parlé plus haut, et du sommet de laquelle on jouissait d'une si belle vue. Je traversai quelques métairies situées dans la plus belle position, qui paraissaient être l'asile de la paix et de la tranquillité ; chacune d'elles était entourée d'un jardin, et avait un petit verger, où les vaches du laboureur trouvaient leur pâture, et qui promettait en outre une riche provision de fruits à sa famille. Les végétaux de toute espèce, les plantes médicinales et les fleurs du plus doux parfum y croissaient pêle-mêle. Je pensais en considérant la fertilité de la terre, combien est doux le sort du pauvre laboureur industrieux, dont le cœur sait apprécier l'infinie bonté de Dieu qui brille dans ses œuvres sans nombre. Le soleil également bienfaisant pour lui et pour ses riches voisins l'éclaire de ses rayons, pour lui la pluie descend des cieux, pour lui la terre produit ses fruits, les fleurs se nuancent de couleurs variées et les oiseaux font entendre leurs chants ; ses besoins sont peu nombreux et la modération dans les désirs les diminue encore. Qu'on est heureux d'être pauvre dans ce monde, quand on est riche en foi et qu'on a choisi son héritage dans les cieux !

Tel était le caractère bien connu pour moi, de

plusieurs de ceux dont j'apercevais les humbles, mais propres et riantes cabanes ; et de pareilles réflexions étaient bien propres à embellir encore à mes yeux ce paysage. Paix sur la mémoire de ces hommes qui ont passé comme *étrangers et voyageurs sur cette terre*. Paix sur leurs âmes rachetées par le sang de Jésus ! et puissé-je partager leur gloire dans la vie à venir !

La maison où je devais me rendre, était située à l'extrémité d'un bois de chênes qui la mettait à couvert de l'ardente chaleur du soleil d'été, et dans l'hiver des vents glacés et des ouragans. Quand je fus près de la maison, je trouvai mon ami le nègre assis sous un arbre en attendant mon arrivée. Il tenait dans sa main un petit livre de piété que je lui avais donné, sa Bible était à ses pieds. Il se leva avec beaucoup de joie et me dit :

« Ah ! Monsieur, moi bienheureux de vous voir, moi penser que vous restiez bien long-temps à venir. »

— J'espère, William, que vous vous portez bien : Nous allons visiter ensemble quelques-uns de mes amis, qui, je l'espère, sont aussi les amis du Seigneur. Nous nous rassemblons chaque Mercredi soir pour nous entretenir ensemble de choses qui intéressent notre salut éternel, et je suis certain que votre visite sera très-bien reçue.

« Monsieur ! moi pas assez bon pour me trouver avec si bonnes personnes, je suis grand pécheur, et eux être bons Chrétiens. »

— Si vous les interrogiez, William, chacun d'eux vous répondrait qu'ils ont été de bien grands pécheurs. Et il n'y a pas long-temps que plusieurs d'entr'eux vivaient publiquement d'une manière très-criminelle, sans connaître Dieu, et de plus, ennemis de Jésus-Christ par leurs pensées et leurs actions ; mais la Grâce divine les a arrêtés dans leur vie coupable, et a soumis leurs cœurs à l'amour et à l'obéissance de l'Evangile. Vous vous trouverez donc dans la compagnie de pauvres pécheurs tels que vous, qui mettent leur plaisir à s'entretenir ensemble du Sauveur et à chanter les louanges de celui qui les a rachetés. Je suis bien sûr, William, que vous vous joindrez avec plaisir à leurs chants.

« Oh ! oui, Monsieur, ces chants convenir beaucoup au pauvre William. »

--- Nous arrivâmes alors à la porte du jardin qui entoure la petite maison où était notre assemblée. J'aperçus soit au-dehors, soit dans l'intérieur de la maison plusieurs personnes de ma connaissance, et le sourire de la bienveillance nous reçut à notre entrée. On savait que le nègre devait faire partie de l'assemblée ce jour-là, et la satisfaction brillait sur les traits de chacun. Je pris William par la main, et le présentai en disant : mes amis, je vous amène un de nos frères d'Afrique qui désire vous voir. Faites un accueil favorable à celui qui vient à vous au nom du Seigneur Jésus-Christ.

« Monsieur, dit un humble et pieux laboureur, dont le cœur et la bouche étaient également pleins d'une affection toute chrétienne, en tout temps nous sommes bienheureux de voir notre cher Ministre, mais aujourd'hui surtout à cause de celui qu'il nous amène. Nous avons entendu parler de la grâce que le Seigneur lui a faite. Donnez-moi votre main, mon cher ami, dit-il au nègre, en se tournant de son côté, Dieu soit avec vous, ici et partout ; et béni soit son saint nom pour avoir par sa miséricorde appelé les misérables pécheurs à l'aimer et à le servir, ainsi qu'il l'a fait pour vous et pour moi. Chacun le salua de même en lui adressant les paroles les plus cordiales et les plus touchantes.

« Maître, me dit le nègre, moi ne pas savoir parler comme tous ces bons amis ; moi penser voir l'image des cieux sur la terre. » Alors ayant les yeux baignés de larmes, qui, avant qu'il ouvrît la bouche, avaient été sa réponse la plus éloquente, il s'écria : Chers frères et bons amis en Jésus-Christ, Dieu bénisse vous tous et vous conduise un jour dans son ciel !

--- J'avais accoutumé avant notre conversation religieuse avec ces amis, de commencer par prier avec eux et par leur lire quelque portion des Saintes Ecritures. Quand j'eus achevé cette partie de notre culte, je dis à mes auditeurs, que la Providence de Dieu avait confié ce jeune homme à mes soins pendant quelque temps, et que lui trouvant les meilleures dispositions et le croyant sincère dans sa profession religieuse, j'avais résolu de lui conférer le Baptême conformément à ses vœux ; j'ajoutai que je l'avais conduit ici pour se joindre à notre conversation chrétienne ; et puisque dans les temps anciens, comme nous l'apprend Malachie III, 16 ; *Ceux qui craignaient l'Eternel se parlaient* l'un à l'autre en témoignage qu'ils pensaient à son nom ; j'espérais aussi que nous nous acquitterions de ce devoir religieux et fraternel dans nos assemblées, et pour notre mutuelle édification........ M'adressant ensuite au nègre, je lui dis: William! qui vous a créé?

« Dieu notre bon Père. »

--- Qui vous a racheté ?

« Jésus son cher Fils qui est mort pour moi. »

--- Quel est celui qui vous sanctifie ?

« Le Saint-Esprit qui enseigne moi à connaître le bon Père et son cher Fils Jésus. »

--- Quel était votre état naturel ?

« Moi misérable pécheur, moi connaître rien que le péché, moi savoir rien que le péché, mon âme plus noire que mon corps. »

--- S'est-il fait quelque changement en vous depuis ce temps-là ?

« J'espère ainsi, Monsieur, moi souvent craindre que non. »

--- Si vous êtes changé, qui vous a changé ?

« Dieu le bon Père, Jésus son cher Fils et Dieu le Saint-Esprit. »

--- Par quels moyens s'est opéré ce changement en vous ?

« Dieu m'a fait esclave, quand moi être jeune petit garçon. »

--- Quoi ! William, voulez-vous dire que c'est Dieu qui vous a réduit à l'esclavage ?

« Non, Monsieur, non, je veux dire que Dieu a permis moi être fait esclave par les hommes blancs, pour me faire bon. »

--- Comment cela pouvait-il vous rendre bon ?

« Il m'a tiré de la terre des ténèbres et a conduit moi au pays de la lumière. »

— Qu'appelez-vous le pays de la lumière ? Sont-ce les Indes-Occidentales où l'on vous conduisit depuis l'Afrique ?

« Non, Monsieur, je parle du pays de la Providence. Mais l'Amérique est bien pour moi le pays de la lumière, car c'est là que pour la première fois, moi entendre prêcher le bon Ministre ; et le pays où je suis maintenant est un pays d'une plus grande lumière, car ici vous avez appris à moi plus et toujours davantage, combien Jésus est bon pour les pécheurs. »

— Quel mérite attribuez-vous au sang de Christ !

« Il purifie de tout péché, de mes péchés aussi à ce que j'espère. »

— Tous les hommes sont-ils purifiés par ce sang ?

« Oh ! non, Monsieur. »

— Quels sont ceux qui sont purifiés et sauvés ?

« Ceux qui croient en Jésus-Christ. »

— Pouvez-vous prouver par l'Ecriture-Sainte ce que vous dites ?

« Oui, Monsieur, *celui qui croit au Fils a la vie éternelle, mais celui qui ne croit pas au Fils n'a point la vie, et la colère de Dieu demeure sur lui.* Jean. III. 36.

— Qu'est-ce qu'avoir la foi ?

« Moi supposer que c'est penser beaucoup à Jésus-Christ, aimer lui beaucoup, croire toutes ses paroles, le prier beaucoup, et quand moi me sentir bien faible et bien pécheur, penser qu'il est très-fort et très-bon, et tout cela pour l'amour de moi. »

--- Avez-vous une telle foi ?

« Hélas ! Monsieur, moi croire quelquefois ne pas avoir de foi du tout. »

--- Comment cela William ?

« Quand moi désirer de penser à Jésus-Christ, ma pensée courir après toutes autres choses; quand vouloir l'aimer, mon cœur paraître entièrement froid. Quand désirer croire que tout ce qu'il a dit aux pécheurs être vrai, je pense alors que ce n'est pas vrai pour moi ; quand vouloir prier, le malin esprit mettre mauvaises, très-mauvaises pensées au-dedans de mon cœur, et jamais aimer Jésus-Christ assez. Toutes ces choses me font craindre de n'avoir pas la foi. »

J'observai à ces mots que mes auditeurs prêtaient au nègre l'attention la plus grande, et que plusieurs d'entr'eux partageaient au fond du cœur les sentimens qu'il venait de manifester. Je continuai ainsi :

--- Je crois, William, pouvoir affirmer que vous avez la foi, malgré vos craintes du contraire. Répondez encore à quelques questions; avez-vous commencé à penser que vous étiez un grand pécheur, et à sentir le besoin d'un Sauveur, de vous-même, par vos propres pensées et d'après vos actions ?

« Oh ! non, cela est venu à moi, quand moi penser rien de tout cela et chercher rien de pareil. »

--- Qui vous a envoyé le bon Ministre que vous avez entendu en Amérique, et qui a réveillé votre âme par sa prédication ?

« Dieu très-certainement. »

--- Quel est l'auteur des sérieuses pensées et

des sentimens que vous avez commencé à éprouver dès-lors ?

« Le bon Dieu, ne pouvoir pas les avoir de moi-même, moi bien sûr de cela. »

--- Ne pensez-vous pas que Jésus-Christ et le salut qu'il nous a apporté soient une des choses les plus nécessaires et les plus désirables ?

« Oh ! oui, moi parfaitement sûr de cela. »

--- Ne croyez-vous pas que Jésus-Christ est capable de vous sauver ?

« Oui, il peut sauver tout le monde. »

--- Pensez-vous qu'il veuille vous sauver ?

« Moi n'oser dire cela, il est si bon, si miséricordieux, si doux, qu'il ne rejettera sans doute aucun de ceux qui vont à lui. »

--- Désirez-vous garder ses commandemens, et faites-vous des efforts pour cela ?

« Oui, Monsieur, car moi aimer lui et pour cela désirer de faire ce qu'il dit. »

--- Consentiriez-vous à souffrir pour lui, si Dieu vous y appelait ?

« Moi mourir pour l'amour de lui. Il n'a pas pensé que ce fût trop que de donner sa vie pour les misérables pécheurs, que serait le misérable pécheur qui croirait faire trop que de mourir pour un si bon et si généreux Sauveur. »

--- *Ta foi t'a fait un homme nouveau*; je crois, William, pouvoir vous appliquer ces saintes paroles, et j'espère que vous en méritez l'application.

Ce fut là pour le moment la fin de mon examen. Toute l'assemblée écoutait avec le plus vif intérêt. Un des auditeurs s'écria avec émotion : Je vois, Monsieur, que quoiqu'il y ait des hommes blancs et des noirs, les vrais Chrétiens sont tous de la même couleur, mon cœur était avec chacune des paroles de cet excellent homme. « Et le nôtre aussi, entendit-on, comme à l'envi de tous les côtés de la chambre. »

Après quelques momens d'une conversation générale sur l'histoire du nègre, je dis : Remercions Dieu maintenant, mes chers frères, des riches et ineffables dons de sa Grâce, et chantons l'hymne de la charité du Rédempteur. Cela fut fait aussitôt. Je ne sais si les voix qui le chantèrent étaient mélodieuses, mais je suis certain que les cœurs étaient à l'unisson. Quoique le nègre ne fût point habitué à notre méthode de chant, cependant il se joignit à nous avec beaucoup de vivacité et de zèle, et montra combien il était pénétré de tout ce que sa bouche prononçait. Quand nous eûmes achevé ce cinquième verset. « Rien ne l'a fait descendre du ciel que l'amour pour les pécheurs », il répéta ces paroles sans penser où il était : « Rien, non rien que l'amour pour les pécheurs faire descendre Jésus vers le pauvre William, rien que l'amour pour les pécheurs. »

Les vers suivans furent ajoutés et chantés pour conclusion : « Un étranger vient à toi,
» quoique noir, il ne t'est pas moins agréable ;
» il vient se joindre aux chœurs célestes qui
» célèbrent l'amour du Rédempteur. Chrétien
» nègre, sois ici le bien venu, bannis le doute
» et la crainte. Vous tous objets de la rédemp-
» tion de Christ, chantez et bénissez l'amour
» du Rédempteur. »

Je terminai par quelques remarques sur la nature du salut par l'opération de la Grâce, et j'exhortai tous les assistans à marcher à grands pas dans la route que notre divin Maître leur avait ouverte. Ce fut une soirée dont les événemens seront sans doute enregistrés dans le Livre de Vie, s'ils échappent à la mémoire des hommes. Je fixai le jour pour le Baptême du nègre, et je pris congé de ma petite assemblée attendrie.

A mon retour, la lune jetait une vive clarté et ses rayons se réfléchissaient sur les eaux du lac de la manière la plus agréable; l'harmonie et la tranquillité caractérisaient cette scène. Nous venions d'adorer le Dieu de la Grâce et sa Providence bienfaitrice; maintenant le Dieu de la nature semblait attendre de moi un tribut d'actions de grâces pour les merveilles de la création qui frappaient mes regards, et je m'écriai avec David : *Quand je considère les cieux, l'ouvrage de tes mains, la lune et les étoiles que tu as arrangées, je me dis: qu'est-ce que de l'homme que tu te rappelles de lui et du Fils de l'homme que tu visites ?*

Peu de jours après, le nègre fut baptisé, puis il partit avec son maître qui retournait sur mer. Dès lors je n'ai eu aucune nouvelle de lui; j'ignore s'il est encore *étranger et voyageur* dans ce bas monde, ou s'il unit maintenant sa voix aux chœurs des intelligences célestes, qui célèbrent dans leurs glorieuses demeures, la charité du Rédempteur. Mais on ne saurait douter que le fait intéressant qui est l'objet de ce récit, ne soit un monument éternel de la miséricorde de Dieu. Quel autre que lui aurait pu graver aussi profondément l'image du Sauveur au fond du cœur de ce sauvage, et faire paraître toutes les marques d'une conversion sincère, dans les paroles et conduite de cet homme si simple ! *A Dieu donc soit honneur et gloire, dès maintenant et à jamais, Amen!*

A MONTPELLIER,

Chez JEAN MARTEL LE JEUNE, Imprimeur ordinaire du Roi.

www.ingramcontent.com/pod-product-compliance
Lightning Source LLC
Chambersburg PA
CBHW060521050426
42451CB00009B/1091